L42
2120

FÊTE
DE LA JEUNESSE.

10 GERMINAL, AN 7.

COMMUNE DE TOULOUSE.

FÊTE DE LA JEUNESSE.

PROCÈS-VERBAL

DE LA FÊTE DE LA JEUNESSE,

Célébrée dans la commune de Toulouse le 10 Germinal, an 7 de la République française, une & indivisible.

La fête de la jeunesse, cette institution morale des Républiques anciennes & modernes, a été célébrée avec pompe & majesté dans la commune de Toulouse.

Le 10 Germinal, à neuf heures du matin, des détachemens de garde nationale sédentaire & en activité se rendirent sur la place de la Commune.

A neuf heures & demie, l'administration municipale, précédée d'une musique militaire & d'un cortege nombreux, se rendit au lieu des séances de l'administration centrale, où étoient réunies les

A

autorités civiles & militaires, réfidantes dans cette Commune.

A dix heures, le cortege fe rendit au Temple Décadaire dans l'ordre fuivant :

Un piquet d'infanterie & de cavalerie ouvroit la marche.

Les inftituteurs primaires, avec leurs éleves; les défenfeurs de la patrie, que d'honorables cicatrices retiennent dans nos foyers.

Les vieillards, les citoyens & citoyennes couronnés aux fêtes de l'an 6, notamment les jeunes citoyens, pour actions héroïques.

Les jeunes gens parvenus à leur feizieme année.

Ceux qui avoient atteint l'âge de vingt-un ans, & avoient ainfi acquis l'exercice des droits du citoyen.

Une mufique militaire.

Les autorités conftituées, dans l'ordre prefcrit par l'arrêté de l'adminiftration centrale, du 27 Nivôfe de cette année.

Les profefleurs de l'école centrale & leurs éleves, notamment ceux qui avoient remporté des prix à la derniere diftribution.

Un piquet de cavalerie & un détachement d'infanterie fermoient la marche.

Parvenus au Temple Décadaire, le corps de mufique exécute (*allons enfans de la patrie.*) Audevant de l'autel s'élevoit une colonne, fur laquelle étoient infcrits les noms des éleves de chaque claffe, qui avoient remporté des prix à la derniere diſtribution, & des cartouches qui contenoient les noms des éleves de chaque claſſe.

Un roulement des tambours annonce l'ouverture de la cérémonie, & l'orcheſtre exécute une ſymphonie mélodieuſe, à laquelle ſuccede un chœur général.

Le ſecrétaire-greffier donne enſuite lecture des lois & des actes adminiſtratifs.

Le corps de muſique exécute (*veillons au maintien de l'empire, &c.*)

Le préſident de l'adminiſtration municipale arme auſſi-tôt les jeunes gardes nationaux, & donne l'accolade fraternelle aux citoyens qui entrent dans l'exercice de leurs droits.

Le citoyen PICOT, profeſſeur de l'école centrale, prononce le diſcours ſuivant :

CITOYENS,

ELLE eſt déjà loin de nous cette belle & riante époque de notre exiſtence, ſur laquelle nous nous plaiſons encore à rattacher nos regards & nos ſouvenirs, lorſque nous ne pouvons plus y reporter nos pas. Age heureux & brillant de la vie, jeuneſſe, reçois l'hommage de nos concitoyens ! Les décorations de ce Temple, ces trophées, ces guirlandes qui parent ſon enceinte, ces ſons mélodieux qui en font retentir les voûtes, ce peuple qui se presse, nos magistrats, dont la présence embellit, anime cette pompe. O jeunesse ! tout annonce la solemnité qui t'est consacrée, tout sourit à ton aspect, tout porte ici la teinte de ce caractere de fraîcheur & de suavité qui n'appartient qu'à toi.

Chez les peuples les plus célebres de l'antiquité, on distinguoit, par la différence des habits, les divers âges de la vie ; on célébroit, par des cérémonies publiques, le passage d'un âge à un autre. Cette institution sage, morale, & profondément pensée, a été refaisie par les législateurs de la grande nation : ils ont ordonné une fête en l'honneur de la jeunesse : ils ont voulu retracer aux parens, à des jours fixes & solemnels, les devoirs que la nature & la société leur imposent ; réveiller dans le cœur des adolescens l'idée de tous les sentimens généreux ; relever à leurs propres yeux la dignité de leur nouvel état, & les enflammer du désir de se former des mœurs capables de l'honorer. La société entiere fixe dès ce moment ses regards sur ces jeunes citoyens : elle les verra croître avec complaisance pour sa prospérité ; leur nom ajouté à ceux de tous les membres du corps social, les armes que la patrie vient de déposer en leurs mains, en les pénétrant de la grandeur de l'homme libre, leur rappelleront sans cesse les devoirs du citoyen.

Ainsi ce jour fortuné & consolateur replace tous les ans sous nos yeux les objets chéris de nos plus douces espérances. Elles reposent sur toi, jeunesse républicaine qui m'écoutes ; c'est à toi que la patrie décerne les honneurs de cette solemnité dont tu formes l'intéressant cortege ; c'est aussi de toi qu'elle attend l'accomplissement de ses glorieuses destinées. Viens, accours, empresse-toi autour de nous!... Les graces douces & naïves l'accompagnent, les jeux folâtres & innocens badinent autour d'elle ; l'aimable modestie pare son front, la réflexion tempere déjà la vivacité de ses mouvemens, la docilité la fléchit aux leçons de l'expérience, la circonspection timide prévient ses écarts, la conscience de sa force la soutient & l'anime, le contentement & la gaieté, compagnons de sa simplicité & de son innocence, éclatent sur son visage & rehaussent les formes élégantes de ses traits.

Le tableau de votre âge, jeunes citoyens, est aussi celui de vos devoirs. Vous êtes encore trop près de la nature pour ne pas ressentir ses plus douces émotions. Quel est celui d'entre-vous dont le cœur cessera jamais de palpiter à l'aspect de ce pere vénérable dont il a reçu la vie ? Au souvenir de cette mere tendre, qui la porté dans son sein, qui la nourri de sa propre substance, qui a formé les premiers accens de sa voix, & développé dans son ame les premiers germes de l'intelligence & de la tendresse ? Environnés de toutes les affections douces & paisibles de la nature, gardez-vous d'en laisser jamais flétrir les semences par le souffle dévorant des passions. A peine échappés aux entraves timides de l'enfance, vos cœurs sont tourmentés par la soif des désirs ; votre émulation impatiente promene déjà vos regards sur tous les objets capables de la fixer ; mais la patrie qui est aussi votre mere, est là qui vous attend, & qui réclame tous vos efforts.

Au nom sacré de patrie, que vos fronts se baissent, & que vos têtes s'inclinent de respect. La patrie vous appelle. Quelle vaste & brillante carriere s'ouvre devant vous ! Mesurez, si vous le pouvez, la hauteur de vos destinées ; regardez ces héros qui ont prodigué leur vie pour conquérir l'égalité précieuse dont vous jouissez ! Ces législateurs qui ont fondé notre Liberté, & qui l'ont assise sur les bases inébranlables d'une constitution, contre laquelle vont se briser les efforts toujours renaissans des factions, & la ligue sacrilege des despotes ! Ces magistrats qui, par leur fidélité & leur respect profond pour la loi, la protegent & la défendent contre les attaques de tous ses ennemis ; voilà les modeles que vous devez vous proposer, les grands exemples que vous avez à suivre.

Vous ignorez encore, jeunes citoyens, quelles destinées vous attendent. Mais, soit que la trompette bruyante du dieu de la guerre vous appelle aux combats pour défendre la Liberté dont vous allez devenir les dépositaires, soit qu'assis au sein du Sénat vous ayez à méditer sur le meilleur système de lois, ou que, chargés de leur exécution, & placés plus près de vos concitoyens, vous soyez honorés du soin de veiller à leur bonheur, soit enfin que, renfermés dans la sphere plus étroite de l'exercice d'une profession utile, au sein paisible & fortuné des vertus domestiques, vous ayez une épouse à chérir, de vieux parens à soutenir, des enfans à former, des amis à honorer, ô jeunesse ! jurez-le en présence du peuple & de ces magistrats, vous ne vous proposerez jamais que la prospérité de la République & le bonheur de vos semblables.

Dans l'ordre de la nature, le Printemps est la saison de la douce espérance. C'est au Printemps que la jeune plante aspire, les sucs nourriciers qui circulent dans ses vaisseaux, qu'elle reçoit la chaleur vivifiante de l'astre du jour, qu'elle étend ses rameaux, développe ses bourgeons, se couvre de fleurs, qui à l'Automne donneront les fruits les plus délicieux : ô jeunesse ! le Printemps est ton image, & dans l'ordre de la nature aussi, c'est à toi qu'il appartient de faire germer dans les cœurs, de développer dans les esprits les fermens de toutes les vertus, les principes de toutes les connoissances utiles.

Mais la jeune plante livrée à ses propres efforts seroit bien-tôt déformée par le voisinage de celles qui ont aussi reçu le bienfait de la vie. C'est à la main tutélaire de l'homme à la soutenir, à la diriger dans son accroissement, à la garantir de toute atteinte, à disposer sa forme, à préparer en quelque sorte l'abondance de ses fleurs & la délicatesse de ses fruits. C'est aussi à l'homme mûri par l'expérience à protéger la foiblesse, à gouverner les premiers élans des enfans à qui il a donné le jour; c'est le plus sacré de tous les devoirs le plus digne d'un bon citoyen.

O vous, que ce spectacle intéresse & attendrit, dont l'œil se repose avec complaisance sur ces aimables adolescens que la nature forma par vos mains, & que vous offrez aujourd'hui à la patrie, peres & meres! qu'ils soient l'objet de votre constante sollicitude, comme ils le sont de votre amour. Vous êtes comptables envers la société des écarts, ou des fautes de ceux dont vous auriés négligé de former la jeunesse. Que vos vertus, que vos principes soit le modele & le miroir de leur conduite; qu'ils reçoivent de vous la plus efficace, la plus instructive des leçons, l'exemple. Les exemples des parens, se moulent dans l'ame facile & tendre des enfans, & cette empreinte, bien qu'elle puisse s'obliterer, n'en demeure pas moins ineffaçable. Et pour qui sont ces fruits dont vous cultivez maintenant la semence? Lorsqu'ils seront parvenus à leur maturité, n'est-ce pas vous qui en savourerez toute la douceur? Vos enfans devenus un jour ce que vous êtes aujourd'hui, seront le soutien & la consolation de vos vieux ans. La patrie elle-même, lorsqu'elle vous commande ces soins assidus, c'est pour en partager avec vous la jouissance, ainsi que l'honneur & la gloire des services qu'elle en attend.

C'est par l'exemple & l'instruction que la jeunesse parvient à développer, & sur-tout à diriger ses facultés vers tout ce qui est bon, juste & honnête.

C'est

C'est pour former des citoyens utiles que les fondateurs de la République ont mis au rang de leurs premiers devoirs, disons-le, de leurs bienfaits, de préparer les voies de l'instruction, d'en tracer & applanir les sentiers difficiles. Tout ce qui peut développer le talent, épurer le goût, enflammer le génie, elle a tout disposé, tout offert à l'émulation ; il suffit de désirer & de vouloir.

Ils sont dignes des éloges de leurs concitoyens, ces jeunes républicains qui ont signalé leur entrée dans cette carriere par les couronnes qu'ils ont obtenues. Ces trophées élevés en leur honneur, attestent la sollicitude de nos magistrats, le zele des Professeurs, le succès de leurs éleves. Vos noms, ô jeunes gens ! sont exposés en ce jour aux regards du peuple ; vous contractez avec lui l'engagement solemnel de les rendre chers à la patrie, & honorables à ceux qui vous ont servi de soutien & de guide.

Élancez-vous donc avec courage dans cette longue mais attrayante carriere ; vous trouverez à son terme, la gloire, la renommée, & ce qui est préférable encore, la sagesse. Heureux enfans ! l'égalité a renversé tous les obstacles que l'orgueil & les préjugés eussent opposé naguere à vos succès. Disputez avec vos émules de vertus & de talens, vous ne trouverez plus désormais d'autre distinction, d'autres motifs de préférence. Appellés aux plus hautes destinées, rendez-vous dignes de les remplir. Bénissez à jamais une révolution dont vos

B

peres ont éprouvé les froissemens, & dont vous recueillerez les premiers bienfaits. Aimez, chériffez la République; reportez vers elle toutes vos affections, tous vos travaux. Vous êtes dans l'âge le plus fortuné de la vie, épargnez à votre vieilleffe le regret amer d'avoir mal-ufé d'un temps qu'il ne vous fera plus donné de réparer. Sur-tout, n'oubliez jamais que les talens font une arme dangéreufe & empoifonnée, entre les mains de ceux qui n'honorent point la vertu : une République ne peut être fondée que fur les bonnes mœurs ; le génie & les talens concourent à fa fplendeur; l'exercice conftant & univerfel de toutes les vertus privées & publiques peut feul en affurer la durée.

Ce difcours fut plufieur fois applaudi ; les principes falutaires, les vérités touchantes qu'il exprimoit furent accueillis de tous les citoyens avec joie & fentiment.

Un fecrétaire procede à l'appel nominal des éleves, dont le nom étoit infcrit fur la colonne ; ils reçoivent du préfident de l'adminiftration centrale & de leur profeffeur l'accolade fraternelle & une branche de laurier.

L'orcheftre exécute l'ouverture de Sargine, & auffi-tôt les écoles primaires préfentent à un exercice de récitation folemnel, ceux de leurs éleves les plus ftudieux, & qui donnent des juftes efperances. Cet exercice folemnel qui fut rempli avec beaucoup de zele & d'intelligence, fut justement applaudi.

Le président de l'administration municipale vint placer au milieu de ces éleves les jeunes citoyens couronnés en l'an 6, pour traits héroïques ; il leur donna le baiser fraternel, & attacha des rubans tricolores aux couronnes qui leur avoient été délivrées.

Le corps de musique exécute le (ça ira), & l'hymne de la jeunesse est chanté à grand chœur, de la composition du citoyen CARRÉ, professeur des belles lettres à l'école centrale, dont suit la teneur.

HYMNE
POUR LA FÊTE DE LA JEUNESSE.

Air : *La victoire en chantant, &c.*

POUR un peuple abruti sous le poids de ses chaînes,
 Le plus beau ciel est sans appas ;
C'est le même soleil qui brille sur Athènes :
 Il brille & ne l'éveille pas.
 Seuls nous joignons l'indépendance
 Aux plus riches dons du Printemps ;
 Le Printemps rajeunit la France ;
 La France écrase les tyrans.
  CHŒUR.
La République universelle,
Sous nos lois commence à fleurir :

Apprenez à vaincre pour elle;
Pour elle apprenez à mourir.

ÉPOUSEZ notre ivresse, ames républicaines,
Fiers rejetons d'un peuple-roi,
Et songez que le sang qui coule dans nos veines,
Au monde entier a fait la loi.
Une raison active & sage
Releva nos fronts abattus;
Nous fûmes tout par le courage,
Vous serez tout par vos vertus.
La République, &c.

QUOI, des lâches encor combattant notre ouvrage,
Vous trompent pour vous désunir !
Sur le sol de la France ils sement l'esclavage,
Et nos tourmens dans l'avenir !
Dites-leur : « d'une haine impie
» Nous abhorrons les attentats;
» Nos bras serviront la patrie;
» Nos cœurs sont à ses magistrats. »
La République, &c.

DANS les champs ennemis n'est-ce pas la jeunesse
Qui courut jetter la terreur,
Et qui, dans la tribune, étonna la sagesse
Des ressources de la valeur ?
Vainqueurs de Fleurus & d'Arcole,
Non, vous n'avez point de rivaux;
Et votre jeunesse est l'école
Du philosophe & du héros.
La République, &c.

Voyez-la sur le Nil, étonné d'être libre,
Dresser un trophée immortel,
D'assassins couronnés purger les bords du Tibre,
Et sauver les enfans de Tell.
Le Danube plein d'épouvante,
En lui soumettant ses remparts,
Entend sonner l'heure sanglante,
La derniere heure des Césars.

La République, &c.

Vous la braviez, ô rois, vous & vos noirs complices ;
Elle vous a désarmés tous :
Déjà vous prépariez les fers & les supplices,
Et je vous vois à ses genoux ;
Mais dans ces secousses profondes
Tous les trônes ont éclaté :
Il n'en faut qu'un dans les deux mondes ;
C'est celui de la Liberté.

La République, &c.

Invincible jeunesse agrandis ta conquête
Par le triomphe des beaux arts ;
Tu cueillis leurs lauriers, qu'ils décorent ta fête
Sous l'œil de Minerve & de Mars.
L'univers te doit l'énergie ;
Tu nous dois l'immortalité ;
Elle est dans le feu du génie,
Elle est dans ta virilité.

La République, &c.

Cet hymne produisit des beaux mouvemens d'alégresse, & valut à son auteur de bien justes applaudissemens.

On donna aussi-tôt lecture des actes civils passés durant la décade, qui se porterent à cinquante-deux naissances, une reconnoissance, cinquante-cinq décès, & le président de l'administration municipale célébra cinq mariages.

Le chœur (*amour sacré de la patrie*) termina, au milieu des plus vifs applaudissemens, cette morale & sociale cérémonie.

Le cortege se forme de nouveau dans le même ordre. L'éleve le plus studieux portoit le cartouche de son école. La marche se dirigea vers l'école centrale, où étant parvenus, on planta solemnellement, au milieu de la cour, un arbre de la Liberté. Le citoyen BELLECOUR, professeur de législation, prononça le discours suivant :

Citoyens,

« JE vous recommande particuliérement, *a dit le
» ministre de l'intérieur* (*) *aux fonctionnaires publics*,
» la pompe touchante qui doit accompagner la
» plantation des arbres de la Liberté, & vous invite
» à prendre toutes les précautions nécessaires pour
» assurer à cette plantation & l'éclat & la durée
» qu'elle a droit d'attendre. Vous vous concerterez

(*) François (de Neufchâteau).

» avec des agriculteurs du canton, & pour les choix
» des arbres & pour les préparatifs & les soins
» qu'elle exige. Vous ne manquerez pas de saisir
» cette occasion d'inspirer de bonne heure aux
» enfans, même les plus jeunes, un respect néces-
» saire pour les plantations; ce peut être un honneur
» & une récompense pour les éleves des écoles,
» instruits & vertueux, de tenir dans ce jour les
» rubans & les banderoles de l'arbre de la Liberté.
» Cet arbre doit aussi être multiplié : chaque com-
» mune doit avoir le sien, suivant la loi ; mais tous
» les établissemens, que dis-je, toutes les maisons
» devroient avoir les leurs ! »

Vous vous rappellez tous, citoyens, ces paroles d'un ministre, ami des sciences, des lettres & des arts, & dont le désir le plus ardent est de perfectionner le systême républicain. Parmi les cérémonies civiques qu'il confie au zele des administrations, celle-ci est *particuliérement recommandée*. Il est beau de voir les magistrats du peuple seconder les vues du gouvernement, faire disparoître les emblêmes du despotisme, pour ne laisser par-tout que des signes sensibles de notre régénération. C'est dans l'école centrale qu'ils viennent aujourd'hui planter l'arbre chéri des Français, l'arbre de la Liberté.

L'arbre qui a été le plus universellement connu dans tous les siecles ; celui que les Grecs & les Romains consacrerent au pere des dieux ; celui qui est le symbole de la force, de la durée, & de la puissance, est aussi l'arbre consacré à la Liberté, par la République française.

Loin de nous la superstitieuse vénération de plusieurs peuples & de nos ancêtres ; c'est en vain qu'on nous accuseroit de les imiter...... Qu'importe que, guidés par des fourbes, ils aient adoré le chêne ! qu'importe leur ignorance & leur foiblesse ! & qu'y a-t-il de commun entre les Gaulois esclaves des druides, & les Français amis de la vérité & de la raison.

L'arbre de la Liberté est pour la République le premier, le plus durable & le plus beau des arbres, comme la Liberté est le premier, le plus immuable & le plus beau de tous les droits de l'homme.

Citoyens, puisons dans la nature les symboles de cette puissante République qui a étonné le monde, & réduit en poudre tous les trônes conjurés ; que ces symboles soient simples & majestueux comme elle ; qu'ils triomphent du temps & des orages, comme elle a triomphé des rois & des conspirations liberticides. Ah! combien est grand l'empire que peut exercer sur des imaginations ardentes, sur des cœurs passionnés pour la gloire de la patrie, l'aspect d'un arbre civique, dont le soin est transmis de génération en génération, qui a bravé les siècles, & que le despotisme menace d'abattre !

Des branches de l'arbre civique étoient chez les anciens la récompense des plus belles actions. Qui peut songer sans enthousiasme, qu'à Rome, dans cette République dont la gloire & les armes ont parcouru l'univers, de toutes les couronnes accordées au mérite, celle qu'on distinguoit avec le plus de
plaisir

plaisir dans la pompe des fêtes publiques, étoit la seule qui fût de feuilles de chêne : *toutes les autres n'étoient que d'or.* (*)

Le Peuple Romain s'émouvoit par les spectacles. (**) Cette vérité qu'on trouve dans un de ces ouvrages immortels, que des génies supérieurs ont légués à l'espece humaine, est applicable à tous les peuples. Des signes sensibles, des spectacles, parlent fortement à l'imagination, commandent l'enthousiasme, & l'enthousiasme enfante les prodiges.

Dans des temps reculés, le voyageur ne trouvoit que des pays couverts de statues, de temples & d'autels consacrés à la Liberté. Les républicains de la Grece & de l'Italie alloient devant les symboles de leur divinité tutélaire, répéter le serment terrible de vaincre ou de mourir, & ils étoient vainqueurs.

Citoyens, multiplions donc par-tout les emblêmes de la République ; multiplions l'arbre de la Liberté : qu'il croisse devant nos habitations, qu'il nous ombrage de ses rameaux, & qu'il nous protege encore dans la rigueur des frimas. Notre œil fatigué s'y reposera agréablement ; il purifiera l'atmosphere qui environne nos demeures, & nous procurera la fraîcheur & la salubrité.

L'idolâtrie fit couler de sang pour honorer des chimeres ; le patriotisme recherche tout ce qui peut améliorer le sort de l'espece humaine, encourager les

---

(*) J. J. Rousseau.
(**) Montesquieu.

talens & les vertus. Bientôt naîtra dans tous les cœurs une utile & louable émulation ; bientôt le légiſlateur dans le ſénat, le héros dans les camps, & l'homme de lettres dans ſes travaux, n'ambitionneront tous que la gloire de la palme civique ; & la République française, toujours digne de ſes hautes deſtinées, après avoir pacifié l'Europe, ranimé toutes les parties de l'économie ſociale, après avoir fait fleurir les ſciences, les lettres & les arts, après avoir dirigé l'eſprit public vers le perfectionnement de nos inſtitutions politiques, diſtribuera des couronnes de chêne à tous ceux qui auront bien mérité de la patrie : alors l'arbre de la Liberté ſera auſſi celui de la gloire pour la grande nation.

Ce diſcours entendu avec le plus grand intérêt, fut vivement applaudi. La muſique exécuta des chants patriotiques ; & l'hymne ſuivant, par le citoyen CARRÉ, fut chanté & applaudi à chaque ſtrophe.

HYMNE

POUR la plantation d'un arbre de la Liberté, dans la cour de l'École Centrale.

Air : *Ah ! rendez grace à la nature*, &c.

Toi qui ſur la poſtérité
Étends déjà ton doux ombrage ;

Bel arbre de la Liberté
Qu'entoure aujourd'hui le jeune âge,
Combien tu flattes nos regards !
Que cette enceinte doit te plaire !
De l'innocence & des beaux arts
Tu vas orner le sanctuaire. (*bis.*)

TROP long-temps ces murs outragés
Ont vu ramper la triste enfance
Dans la chaîne des préjugés
Et d'une basse obéissance.
Sous un plus riant horison,
Libres de toute tyrannie,
Les cœurs écoutent la raison,
Les vertus guident le génie. (*bis.*)

COURONNÉ de nombreux rameaux
Éleve-toi sur le Parnasse ;
Ses lauriers en seront plus beaux,
Les talens auront plus d'audace :
Tu les verras, soumis aux lois,
Unir, sous ton ombre chérie,
Le fier sentiment de leurs droits
Au saint amour de la patrie. (*bis.*)

───

Le président de l'administration centrale suspendit dans chaque classe le cartouche qui lui appartenoit, pour y rester suspendu jusqu'à la prochaine distribution des prix ; après cette cérémonie républicaine le cortege rentra à la Maison Commune.

Telle a été dans notre Commune la fête de la jeunesse : les citoyens y ont rendu hommage à la moralité de son institution ; les orateurs en ont parlé avec dignité, & les poëtes l'ont chanté avec joie, fierté : puisse l'impression profonde qu'elle a dû produire, pénétrer tous les cœurs de la grandeur des idées républicaines & des vertus salutaires qu'elles inspirent.

Fait à Toulouse, le 20 Germinal, an 7 de la République française, une & indivisible.

Js. VAYSSE, *président* ; MUREL, BEZIAT, MERCIER, RIGAILHOU, CORBET, PIQUEPÉ, TAULVAYSSE, administrateurs municipaux.

GAUBERT, *commissaire du directoire exécutif.*

PHILIP, *secrétaire en chef.*

A TOULOUSE,

De chez BESIAN & TISLET, rue Desbiaux, n°. 285.

www.ingramcontent.com/pod-product-compliance
Lightning Source LLC
Chambersburg PA
CBHW060612050426
42451CB00012B/2217